La Potenza Meravigliosa Della Benedizione

Richard Brunton

La Potenza Meravigliosa Della Benedizione
Pubblicato da Richard Brunton Ministries
Nuova Zelanda

© 2019 Richard Brunton

ISBN 978-0-473-50136-5 (Softcover)
ISBN 978-0-473-48900-7 (ePUB)
ISBN 978-0-473-48901-4 (Kindle)
ISBN 978-0-473-48902-1 (PDF)

Redazione:
Un particolare ringraziamento a
Joanne Wiklund and Andrew Killick
per rendere la storia più leggibile
di quanto sarebbe stata altrimenti!

Produzione & Tipografia:
Andrew Killick
Castle Publishing Services
www.castlepublishing.co.nz

Design della copertina:
Paul Smith

Citazioni bibliche da
Nuova Riveduta 2006
Copyright © 2008 Società Biblica di Ginevra.
Versione Diodati Riveduta RDV24
Public Domain
Nuova Riveduta 1994
Copyright © 1994 Società Biblica di Ginevra

TUTTI I DIRITTI RISERVATI

Non sono concesse la riproduzione, l'archiviazione in sistemi di recupero, la trasmissione in una qualsiasi forma o in un qualsiasi modo, elettronico, meccanico, fotocopia, registrazione o altro, di questa pubblicazione senza previo assenso in forma scritta dell'editore.

INDICE

Prefazione	5
Introduzione	9
Parte Prima: Perché Benedire?	**15**
Il discernimento	17
La potenza del nostro parlare/delle nostre parole	21
Passare dal 'parlare bene' al 'benedire'	24
Cos'è la benedizione Cristiana?	26
La nostra autorità spirituale	29
Parte Seconda: Come Fare	**37**
Alcuni principi importanti	39
Fate del parlare puro uno stile di vita	39
Chiedi allo Spirito Santo cosa dire	39
Benedizione non è uguale a Intercessione	40
Non giudicare	41
Un esempio	42
Diverse situazioni che potremmo trovarci a dover affrontare	44
Benedire coloro che ti maledicono o insultano	44

Benedire coloro che ti rigettano o feriscono	45
Benedire coloro che ti hanno provocato	48
Benedire, anziché maledire, noi stessi	52
Riconoscere e spezzare maledizioni	52
Benedire la propria bocca	54
Benedire la propria mente	56
Benedire i nostri corpi	57
Benedire la tua casa, il tuo matrimonio e i tuoi figli	62
La benedizione paterna	70
Benedire altri – L'aspetto profetico	75
Benedire il posto di lavoro	76
Benedire una comunità	79
Benedire la terra, il suolo	81
Benedire il Signore	82
Parole finali di un lettore	83
Applicazione	85
Come diventare un Cristiano	87

PREFAZIONE

Ti incoraggio a leggere questo piccolo libro con il suo messaggio potente – ti trasformerà.

È stato mentre Richard Brunton e io stavamo facendo colazione insieme un mattino, che lui condivise con me ciò che Dio gli aveva rivelato quanto alla potenza del benedire e immediatamente vidi il potenziale di un grande impatto sulla vita di altri.

Ho filmato questo messaggio per mostrarlo nella nostra chiesa nell'ambito di un ritiro spirituale per uomini. Gli uomini presenti lo considerarono così utile che vollero che tutta la chiesa potesse ascoltarlo. Le persone iniziarono a metterlo in pratica in ogni area della loro vita e ascoltammo meravigliose testimonianze come risultato. Un uomo d'affari ci fece sapere che la sua impresa andò da 'zero a utile' entro due settimane. Altri furono guariti fisicamente quando iniziarono a benedire i propri corpi.

Altre opportunità di condividere questo messaggio iniziarono a aprirsi. Ero in procinto di parlare all'evento *'Gathering of the Generals'* (Riunione dei generali) – un evento nel quale i pastori si riuniscono per studiare e essere rinvigoriti – in Kenya e Uganda. Richard mi accompagnò e durante una sessione parlò sul soggetto della benedizione. Il messaggio riuscì a penetrare attraverso dolori e vuoto sepolti per lungo tempo. La maggioranza del pubblico presente non era mai stato benedetto dal proprio padre e mentre Richard, assumendo quel ruolo, li benediceva, tanti piansero e realizzarono liberazione emozionale e spirituale insieme a un immediato cambiamento nelle loro vite.

Sapere come benedire ha impattato la mia vita fino al punto che adesso vado in cerca di opportunità per benedire altri 'con parole e fatti' – tramite ciò che dico e ciò che faccio. Questo piccolo libro ti piacerà e, se lo metti in pratica nella tua vita, la tua fertilità abbonderà e sovrabbonderà per il regno di Dio.

Geoff Wiklund
Geoff Wiklund Ministries,
Presidente, Promise Keepers, Nuova Zelanda

Dio ha benedetto Richard con una rivelazione sulla potenza della benedizione quando è rilasciata su altre persone. Credo che questa sia una rivelazione da Dio per il nostro tempo.

Mentre Richard vive il suo messaggio, questo porta un'autenticità con la quale le persone immediatamente simpatizzano.

Questo ci ha portato a invitare Richard di parlare a ogni singolo dei nostri eventi per uomini dei *Promise Keepers*. L'impatto è stato immensamente potente e in grado di trasformare la vita di tanti.

La 'Benedizione' è stato un soggetto che ha raggiunto e catturato il cuore degli uomini agli eventi *Promise Keepers*. C'è stato un'immensa risposta positiva a questo insegnamento importante – la benedizione e la potenza del 'bene dire'. Molti di questi uomini non hanno mai realmente ricevuto benedizione o benedetto altri. Dopo aver ascoltato il messaggio di Richard e aver letto questo libro, hanno ricevuto una benedizione potente e sono stati messi in grado di benedire altri nel nome del Padre, del Figlio e dello Spirito Santo.

Consiglio Richard e questo libro sulla 'Potenza meravigliosa della benedizione' come un mezzo potente per rilasciare la pienezza della benedizione di Dio nelle nostre famiglie, nel nostro vicinato e nella nostra nazione.

Paul Subritzky
Direttore Nazionale, Promise Keepers,
Nuova Zelanda

INTRODUZIONE

Ogn'uno ama ascoltare novità entusiasmanti – ancora meglio è se sei tu a raccontarle!

Quando scoprii il valore del benedire, è stato come se fossi stato quell'uomo nella Bibbia che aveva trovato un tesoro in un campo. Entusiasticamente ho condiviso i miei pensieri e le mie esperienze col pastore Geoff Wiklund e lui mi chiese di parlare agl'uomini della sua chiesa durante un ritiro spirituale a febbraio 2015. Erano rimasti così colpiti che vollero che tutta la chiesa sentisse questo messaggio.

Quando parlai alla chiesa, accadde che il Reverendo Brian France, della *Charisma Christian Ministries*, e Paul Subritzky, dei *Promise Keepers NZ*, erano presenti quel giorno. Questo risultò nel condividere questo messaggio a *Charisma* in Nuova Zelanda e Fiji e con gl'uomini di *Promise Keepers*. Molti hanno fatto tesoro di questo messaggio e immediatamente hanno iniziato a metterlo in pratica con dei risultati eccellenti. Alcuni commentarono che non avevano mai ascoltato un insegnamento su questo aspetto del regno di Dio.

Il ministero della benedizione sembrava di andare a valanga. (Non dice Dio che 'I regali che uno fa gli aprono la strada'? Prov 18:16, ndt). Verso la fine del 2015 accompagnai pastore Geoff in Kenya e Uganda, dove stava servendo centinaia di pastori presenti al *'Gathering of the Generals'*. Questo era un evento annuale, nel quale i delegati cercavano supporto e ispirazione, e Geoff ebbe l'impressione che il mio insegnamento sulla benedizione sarebbe stato utile per i partecipanti. E così fu. Non solo i pastori ma anche altri oratori dall'America, Australia e Sud Africa riconobbero la potenza di questo messaggio e mi incoraggiarono di fare qualcosa per metterlo a disposizione di un pubblico più grande.

Non volevo né creare o mantenere un sito web, né scrivere un'opera approfondita, in quanto altre, eccellenti, già esistono. Il messaggio della benedizione è veramente semplice – messo in pratica molto facilmente – e non volevo che la sua semplicità andasse persa in complessità – di conseguenza questo piccolo libro.

Ho usato citazioni de *The Power of Blessing* ('La potenza della benedizione', ndt) di Kerry Kirkwood, *The Grace Outpouring: Becoming a People of Blessing* ('Esternazione di grazia: diventando un popolo di benedizione', ndt) di Roy Godwin e Dave Roberts, *The Father's Blessing* ('La benedizione del padre', ndt) di Frank Hammond e *The Miracle and Power of Blessing* ('Il miracolo e la potenza della benedizione', ndt) di Maurice Berquist. Sono certo di aver imparato e tratto anche da molti altri libri e altre persone, ma nel corso degli anni il tutto si è fuso.

Scoprire la potenza della benedizione aprirà un nuovo modo di vivere per ogn'uno che lo mette in pratica. Benedico persone quasi ogni giorno ormai – credenti e non – in caffè, ristoranti, hotel, sale d'attesa e persino per strada. Ho benedetto orfani, lo staff di orfanotrofi, un assistente di volo su un aereo, frutteti, animali, portafogli, imprese e condizioni mediche. Ho avuto adulti – uomini e donne – piangere tra le mie braccia mentre proclamavo la benedizione del padre su di loro.

Parlando con persone non-credenti ho scoperto che 'Posso benedire te/la tua azienda/il tuo matrimoni ecc.?' suona meno minaccioso di 'Posso pregare per te?' In effetti, questo approccio semplice, espresso con amore e interesse nella persona, ha portato un mio membro di famiglia alla conoscenza dell'amore e della potenza salvatrice di Gesù Cristo, dopo tanti anni di dibattiti.

Spesso non ho l'opportunità di poter vedere il risultato, ma ho visto abbastanza per sapere che 'benedire' cambia vite. E ha cambiato anche la mia.

È nella natura di Dio di benedire e, come creature fatte in Sua immagine, è anche nel nostro DNA. Lo Spirito Santo sta aspettando che il popolo di Dio faccia dei passi di fede, nell'autorità che Gesù Cristo ha conquistato per loro, in modo di trasformare vite.

Sono convinto che questo piccolo libro vi sarà utile. Proclamare benedizioni in ogni tipo di situazioni è una grazia spirituale trascurata che ha il potenziale di cambiare il tuo mondo.

Buona lettura.
Richard Brunton

PARTE PRIMA:

Perché Benedire?

IL DISCERNIMENTO

Mia moglie Nicole è della Nuova Caledonia e, infatti, questo significava che io dovessi studiare il francese e spendere un bel po' di tempo nel suo luogo natio, Noumea. Nonostante il fatto che la Nuova Caledonia è principalmente una nazione Cattolica, non è passato molto tempo prima che me ne accorsi che tante persone avevano ancora contatto col 'lato oscuro' mentre stavano anche praticando la loro religione. Non era inusuale per le persone di visitare un chiaroveggente oppure un guaritore senza comprendere che effettivamente stavano usufruendo della stregoneria.

Mi ricordo che mia moglie mi portò a visitare una giovane donna ventenne che era stata portata a vedere uno di questi 'guaritori', ma che, poco dopo, era finita in una casa per persone con disturbi mentali o sofferenti di depressione. Appena compresi che era Cristiana, comandai ai demoni che erano entrati in lei di lasciarla andare, nel nome di Gesù Cristo. Un prete Cattolico pregò anche lui per lei e, tra noi, questa donna fu liberata e rilasciata dall'istituto non molto tempo dopo.

Altri confessavano pubblicamente la loro religione Cattolica eppure apertamente mostravano statue e artefatti di altri idoli. Uno di questi era un uomo che continuamente soffriva di problemi di stomaco. Un giorno gli dissi che credevo che se eliminasse quel grande, grosso Buddha che era davanti casa sua – era sempre illuminato di notte – i suoi problemi di stomaco sarebbero passati. In più, alcuni artefatti che aveva collezionato bisognavano sparire anche loro. L'uomo resisteva – come potevano queste cose 'morte' essere causa di malattia? Dopo alcuni mesi lo vidi di nuovo e gli chiesi come fosse il suo stomaco. Con un po' di imbarazzo rispose, 'Ho infine ascoltato il tuo consiglio e mi sono liberato del Buddha. Il mio stomaco sta bene adesso.'

In un'altra occasione mi chiesero di andare a casa di una donna con un cancro. Prima di pregare suggerii di far sparire le statue di Buddha nel loro salotto, cosa che suo marito fece immediatamente. Mentre spezzavo maledizioni sulla sua vita e comandavo ai demoni di andarsene nel nome di Gesù, lei descriveva come un freddo gelido saliva dai suoi piedi e la lasciava dalla testa.

Con questo sullo sfondo decisi ti dare alcuni insegnamenti intorno a maledizioni a un gruppo di preghiera che mia moglie e me avevamo iniziato nel nostro appartamento a Noumea. Questo insegnamento era basato su alcune opere di Derek Prince (Derek Prince era un riconosciuto insegnante biblico del ventesimo secolo). Mentre stavo preparando il mio messaggio in francese imparai che la loro parola per maledizione era *malèdiction* e la loro parola per benedizione era *bènèdiction*. L'origine di queste parole sono 'dire male' e 'dire bene'.

Prima, quando paragonavo le parole *maledizione* e *benedizione*, *maledire* mi sembrava buio, pesante e pericoloso e *benedire* mi sembrava piuttosto leggero e innocuo. Avevo ascoltato insegnamenti sulla maledizione già prima, ma mai sulla benedizione – cosa che probabilmente aveva contribuito alla mia percezione. Inoltre, non avevo mai sentito qualcuno benedire un'altra persona con un reale intento e impatto. Effettivamente, l'entità di una benedizione Cristiana potrebbe essere un 'Bless you' quando qualcuno starnutisce (*in inglese si usa questo termine, quando in italiano si usa 'salute', ndt*) oppure si scrive 'benedizioni' alla fine di una lettera oppure email – come se fosse più un'abitudine che qualcosa di intenzionale.

Più in là, riflettendo sulle parole 'maledizione' e 'benedizione', me ne resi conto che se 'male dire' fosse potente, allora 'bene dire' dovrebbe esserlo almeno nella stessa misura e, con Dio, probabilmente persino più potente ancora!

Questa rivelazione, insieme a altri discernimenti dei quali ne parleremo più in là, mi misero in rotta per scoprire la potenza della benedizione.

LA POTENZA DEL NOSTRO PARLARE/DELLE NOSTRE PAROLE

Non volendo ripetere cosa tanti buoni libri hanno detto a riguardo della potenza delle nostre parole, voglio darvi un riassunto di cosa credo sia molto importante in questa area.

Sappiamo che:

> *Morte e vita sono in potere della lingua; chi l'ama ne mangerà i frutti. (Proverbi 18:21)*

Le parole contengono una potenza tremenda – o positiva e costruttiva oppure negativa e distruttiva. Ogni volta che pronunciamo parole (e persino usiamo un tono particolare, cosa che aggiunge significato alle parole), proclamiamo o vita o morte a quelli che ci ascoltano e a noi stessi. Inoltre sappiamo che:

> *Poiché dall'abbondanza del cuore la bocca parla. L'uomo buono dal suo buon tesoro trae cose buone; e l'uomo malvagio dal suo malvagio tesoro trae cose malvagie. (Matteo 12:34-35)*

Di conseguenza, da un cuore critico parla una lingua critica; da un cuore ipocrita, una lingua giudicante; da un cuore ingrato, una lingua lamentosa; e così via. Similmente, cuori lussuriosi portano il frutto corrispondente. Il mondo è pieno di un parlare negativo. I media lo scaturiscono giorno dopo giorno. Con la natura umana essere quella che è, non siamo propensi a parlare bene di persone o situazioni. Non ci sembra essere qualcosa di naturale. Spesso aspettiamo fin quando una persona muore prima di dire cose buone sul suo conto. Però, il 'buon tesoro' scaturisce da cuori che amano e che parleranno con grazia; da un cuore pacifico, una lingua conciliante; e così via.

La dichiarazione 'e chi l'ama ne mangerà i frutti' suggerisce che mieteremo ciò che seminiamo – sia esso buono o cattivo. In altre parole, riceverai quello che dici. Cosa ne pensi di questo?

Questo è vero per tutti gli esseri umani, a prescindere se sono di fede Cristiana o non. Cristiani e non possono pronunciare parole di vita – per esempio, ambedue possono dire: 'Figlio, questa è una bella capanna che hai costruito. Un giorno potresti diventare un eccellente costruttore oppure architetto. Bravissimo.'

Tuttavia, un Cristiano nato di nuovo ha un cuore nuovo. La Bibbia dice che siamo una 'nuova creazione' (2 Corinzi 5:17). Di conseguenza, come Cristiani, dovremmo 'bene' dire di più e 'male' dire di meno. È facile cadere nella negatività se non badiamo al nostro cuore e le nostre parole. Una volta che inizi a rifletterci consapevolmente sarai sorpreso quanto spesso i Cristiani – anche involontariamente – maledicono sé stessi e altri. Questo lo approfondiremo più in là.

PASSARE DAL 'PARLARE BENE' AL 'BENEDIRE': LA NOSTRA CHIAMATA

Come Cristiani, con la vita del Signore Gesù che scorre attraverso noi, possiamo andare ben oltre al parlare bene – possiamo dichiarare e impartire benedizioni su persone e situazioni – e effettivamente, siamo chiamati a fare ciò. Forse, benedire è la nostra grande chiamata. Leggi il seguente:

> *Infine, siate tutti concordi, compassionevoli, pieni di amore fraterno, misericordiosi e umili; non rendete male per male, od oltraggio per oltraggio, ma, al contrario, benedite; poiché a questo siete stati chiamati affinché ereditiate la benedizione. (Prima lettera di Pietro 3:8-9)*

Siamo chiamati a benedire e a ricevere benedizione. La prima cosa che Dio disse a Adamo e Eva era una benedizione:

> *Dio li benedisse; e Dio disse loro: 'Siate fecondi e moltiplicatevi; riempite la terra, rendetevela soggetta...' (Genesi 1:28)*

Dio li benedisse in modo che potessero portare frutto. Il benedire è un attributo di Dio – è ciò che Lui fa! E come Dio – e da Dio – anche noi abbiamo l'autorità e la potenza di benedire altri.

Gesù benediceva. L'ultima cosa che fece proprio mentre stava per ascendere in cielo, era di benedire i Suoi discepoli:

> *Poi li condusse {fuori} fin presso Betania; e, alzate in alto le mani, li benedisse. Mentre li benediceva, si staccò da loro e fu portato su nel cielo. (Vangelo secondo Luca 24:50-51)*

Gesù è il nostro modello da seguire. Lui disse che dovevamo fare le stesse cose che Lui faceva, nel Suo nome. Siamo stati '*disegnati*' da Dio per benedire.

COS'È LA BENEDIZIONE CRISTIANA?

Nell'Antico Testamento, la parola 'benedire' è la parola Ebraica *barak*. Questa significa semplicemente di 'dichiarare le intenzioni di Dio'.

Nel Nuovo Testamento, la parola 'benedire' è la parola Greca *eulogia*, dalla quale deriva la parola 'elogio'. Così, in pratica, ciò significa 'parlare bene di' o 'dichiarare la volontà di Dio su' una persona.

Questa è la definizione di benedizione che userò per questo libro. Benedire è dichiarare le intenzioni o il favore di Dio su una persona o una situazione.

Dio, per gran parte, nella Sua saggezza, ha deciso di limitare il Suo lavoro sulla terra su quello che può realizzare attraverso il Suo popolo. Questo è il modo come porta il Suo regno sulla terra. Di conseguenza, Lui vuole che benediciamo in Suo nome. Così, come

Cristiano, io posso dichiarare le intenzioni di Dio o il Suo favore su una persona o una situazione nel nome di Gesù. Se faccio ciò con fede e amore, allora c'è la potenza del cielo a supportare ciò che dico e posso aspettarmi che Dio opererà in modo di portare le cose da dove sono a dove Lui vuole che siano. Se benedico qualcuno intenzionalmente, con amore e fede, permetto a Dio di attivare i Suoi piani per quella persona.

Dall'altro lato, qualcuno potrebbe intenzionalmente, o di solito inavvertitamente, dichiarare le intenzioni di Satana su qualcuno o persino sé stesso, permettendo di conseguenza alle forze demoniache di attive i loro piani per quella persona – cioè rubare, uccidere e distruggere. Ma gloria a Dio,

> ...perché colui che è in voi è più grande di colui che è nel mondo. (Prima lettera di Giovanni 4:4)

È di estrema importanza per Dio di benedire – effettivamente, è la Sua vera natura. Il desiderio di Dio di benedire è scandalosamente stravagante. Niente può fermarLo. Lui è determinato di benedire l'umanità. Lui brama che Gesù abbia tanti fratelli e sorelle. Questi siamo noi! Ma, mentre è di tale estrema importanza per Dio di benedire l'umanità, Lui desidera ancora più che il Suo popolo, i Suoi figli, benedicano l'un l'altro.

Quando benediciamo nel nome di Gesù, lo Spirito Santo viene perché riflettiamo qualcosa che il Padre sta facendo – stiamo proclamando parole che il Padre desidera siano dette. Sono continuamente stupito di quanto questo sia vero. Quando benedico qualcuno, lo Spirito Santo è coinvolto – Lui tocca l'altra persona, amore viene rilasciato e le cose cambiano. Spesso, dopo di questo, le persone mi abbracciano oppure piangono e dicono 'Non sai quanto tempestivo e potente questo sia stato', oppure 'Non sai quanto ne abbiamo avuto di bisogno'.

Ma c'è qualcosa di molto importante da notare: noi benediciamo da un luogo di intima comunione con Dio, dalla Sua presenza. La nostra vicinanza spirituale con Dio è di estrema importanza. Le nostre parole sono le Sue parole e sono unte con la Sua potenza per realizzare le Sue intenzioni per quella persona o situazione. Ma facciamo un passo indietro prima…

LA NOSTRA AUTORITÀ SPIRITUALE

Nell'Antico Testamento i sacerdoti dovevano intercedere per il popolo e proclamare benedizioni su di loro.

Parla ad Aaronne e ai suoi figli e di' loro: Voi benedirete così i figli d'Israele; direte loro: Il Signore ti benedica e ti protegga! Il Signore faccia risplendere il suo volto su di te e ti sia propizio! Il Signore rivolga verso di te il suo volto e ti dia la pace! Così metteranno il mio nome sui figli d'Israele e io li benedirò. (Numeri 6:23-27)

Nel Nuovo Testamento, come Cristiani, siamo chiamati:

Ma voi siete una stirpe eletta, un sacerdozio regale, una gente santa, un popolo che Dio si è acquistato, perché proclamiate le virtù di colui che vi ha chiamati dalle tenebre alla sua luce meravigliosa; (Prima lettera di Pietro 2:9)

E Gesù

> ...ha fatto di noi un regno e dei sacerdoti al suo Dio e Padre... (Apocalisse 1:6)

Qualche tempo fa stavo seduto su Ouen Toro, un punto panoramico a Noumea, in cerca di un messaggio da portare a un gruppo di preghiera. Sentivo Dio dirmi 'Tu non sai chi sei'. Poi, alcuni mesi dopo: 'Se solo tu sapessi quale autorità hai in Cristo Gesù, cambieresti il mondo'. Ambedue i messaggi erano per due gruppi di persone particolari ma, questo lo realizzai dopo, erano anche per me.

Penso che sia generalmente risaputo nell'ambito Cristiano che parlare direttamente a una malattia o condizione (un 'monte' – Marco 11:23) e comandare la guarigione sia più effettiva che domandare a Dio di farlo (Matteo 10:8; Marco 16:17-18). Questa è di certo stata la mia esperienza e l'esperienza di tante altre persone ben conosciute e rispettate, attive e con tanto di successo nell'ambito del ministero della guarigione e liberazione. Io credo che effettivamente

Gesù dice, 'Voi guarite i malati (nel mio nome). Non è il Mio compito, è il vostro compito. Voi lo fate.'

Dio vuole guarire e Lui vuole farlo tramite noi. Dio vuole liberare e Lui vuole farlo tramite noi. Dio vuole benedire e Lui vuole farlo tramite noi. Noi possiamo chiedere a *Dio* di benedire oppure *noi* possiamo benedire nel nome di Gesù.

Ricordo che alcuni anni fa mi presi il tempo per andare al lavoro presto per benedire la mia azienda. Iniziai con 'Dio, benedici Colmar Brunton'. Mi sembrò fiacco. Poi cambiai – un po' timido al principio – da 'Dio benedici Colmar Brunton' a:

Colmar Brunton, ti benedico nel nome del Padre, del Figlio e dello Spirito Santo. Ti benedico a Auckland e ti benedico a Wellington e ti benedico nelle regioni. Ti benedico al lavoro e ti benedico a casa. Rilascio il Regno di Dio in questo luogo. Vieni Spirito Santo, sei benvenuto qui. Rilascio amore e gioia e pace e pazienza e gentilezza e bontà e mitezza e fedeltà e autocontrollo e unità.

Nel nome di Gesù rilascio le idee dal Regno di Dio che possono aiutare i nostri clienti ad avere successo e fare del mondo un posto migliore. Rilascio favore nel mercato per i clienti. Rilascio favore nel mercato dell'occupazione. Benedico la nostra visione: 'Un business migliore, un mondo migliore'. Nel nome di Gesù, amen.

In accordo con quello che sentivo essere guidato a fare, feci un segno della croce alla nostra entrata e applicai spiritualmente la protezione del sangue di Gesù sulla nostra azienda.

Dal momento che passai dal 'Dio, benedici Colmar Brunton' al 'Io benedico Colmar Brunton nel nome del Padre, del Figlio e dello Spirito Santo' l'unzione di Dio cadde su di me – sentivo l'approvazione e il piacere di Dio. Era come se Lui stesse dicendo 'L'hai capito, figlio mio; questo è quello che voglio che tu faccia.' Anche se nel frattempo devo averlo fatto centinaia di volte, ho sempre sentito il piacere di Dio su di esso. E i risultati? L'atmosfera in ufficio è cambiata, e velocemente, fino al punto che le persone ne parlavano apertamente e si chiedevano come mai le cose erano così diverse. Era veramente meraviglioso! La benedizione può realmente cambiare il nostro mondo.

Ma non mi fermai lì. La mattina, mentre l'ufficio era ancora vuoto, quando mi avvicinavo alla sedia di una persona che aveva bisogno di saggezza per una situazione particolare, la benedicevo, imponendo le mani sulla sedia, credendo che un'unzione per realizzare la benedizione sarebbe passata nella stoffa della sedia e così sulla persona seduta su di essa (Atti 19:12). Ogni volta che ero al corrente di un bisogno particolare che una persona stava affrontando, benedicevo in questo modo.

In particolar modo mi ricordo di una persona che abitualmente bestemmiava – cioè, usava il nome di Dio come imprecazione. Una mattina imposi le mani sulla sua sedia, legando lo spirito della bestemmia, nel nome di Gesù. L'ho dovuto fare diverse volte, ma infine, lo spirito dietro a questo comportamento dovette piegare le sue ginocchia davanti a un potere superiore e la bestemmia sparì dal vocabolario di questa persona nel posto di lavoro.

Ricordo anche un uomo che venne da me chiedendo preghiera, perché voleva che Dio lo togliesse dal suo posto di lavoro perché tutti lì bestemmiavano. Presi una posizione opposta: quest'uomo era lì per benedire il suo posto di lavoro e cambiare l'atmosfera! Noi possiamo cambiare il nostro mondo.

Sono giunto alla conclusione che, mentre Dio desidera di benedire l'umanità, ancora più Lui desidera per noi – il Suo popolo, i Suoi figli – di benedire l'umanità. Tu hai autorità spirituale. *Tu benedici!*

Il nostro Padre celeste desidera che noi partecipiamo, che collaboriamo con Lui nella Sua opera redentrice. Possiamo benedire l'umanità con guarigione e liberazione ma possiamo benedire l'umanità anche con le nostre parole. Noi siamo le persone che Dio usa per benedire il mondo. Quale privilegio e responsabilità!

In pratica, per me, benedire significa dichiarare la volontà di Dio sulla vita delle persone o le loro situazioni con amore, occhi aperti, intenzionalmente, con autorità e potenza, dal nostro spirito ripieno dello Spirito Santo. In parole povere, benedire è agire in fede dichiarando le intenzioni di Dio per una persona o situazione. Quando dichiariamo le intenzioni di Dio, noi rilasciamo la Sua capacità di cambiare cose da dove sono a dove Lui vuole che siano.

E ricordati – siamo benedetti perché benediciamo.

PARTE SECONDA:

Come Fare

ALCUNI PRINCIPI IMPORTANTI

Fate del parlare puro uno stile di vita

> *Dalla medesima bocca escono benedizioni e maledizioni. Fratelli miei, non deve essere così. (Lettera di Giacomo 3:10)*

> *…e se tu separi ciò che è prezioso da ciò che è vile, tu sarai come la mia bocca… (Geremia 15:19)*

Se vuoi dichiarare le intenzioni di Dio sulle persone, devi evitare di pronunciare parole che sono inutili – o peggio che inutili.

Chiedi allo Spirito Santo cosa dire

Suscita il tuo spirito (attraverso l'adorazione o il parlare in lingue). Chiedi allo Spirito Santo di farti sentire l'amore del Padre per la persona che vuoi benedire. Fai una preghiera come questa:

> *Padre, cosa desideri che sia detto? Ti prego, dammi una parola di benedizione per questa persona. Come posso incoraggiarla or confortarla?*

Benedizione non è uguale a Intercessione

La maggior parte delle persone trova difficile imparare a proclamare benedizioni. Invariabilmente iniziano a 'intercedere', chiedendo al Padre di benedire. Anche se questo è una cosa buona da fare, una benedizione dichiarata in questo modo è in effetti una preghiera e è importante riconoscere la differenza. Pronunciare o proclamare una benedizione non sostituisce la preghiera e l'intercessione, ma è un compagno per essi – dovrebbero essere trovati insieme regolarmente.

Gli autori Roy Godwin e Dave Roberts spiegano questo molto bene nel loro libro *The Grace Outpouring*:

> *Quando benediciamo, guardiamo la persona negl'occhi (se questa è la situazione) e le par-*

liamo direttamente. Per esempio potremmo dire qualcosa come 'Ti benedico nel nome del Signore, che la grazia del Signore Gesù rimanga su di te. Ti benedico nel Suo nome che l'amore del Padre ti circonda e ti riempia; che tu possa conoscere nella profondità del tuo essere quanto pienamente Lui ti accetta e gioisca a motivo tuo.'

Nota il pronome personale 'io'. Sono io che pronuncio benedizione nel nome di Gesù sulla persona direttamente. Non ho pregato Dio per una benedizione ma ho dichiarato una benedizione usando l'autorità che Gesù ci da per pronunciare benedizione sulle persone cosicché Lui possa venire e benedirli.

Non giudicare

Non giudicare se qualcuno merita una benedizione o non. La vera benedizione, dichiarata su una persona o una situazione, descrive il modo come Dio li vede. L'attenzione di Dio non si concentra su come essi possano sembrare attualmente ma su come dovrebbero essere.

Per esempio, Dio chiamò Gedeone un *'uomo forte e valoroso'* (Giudici 6:12) quando, in quel momento era tutt'altro! Gesù chiamò Pietro una *'roccia'* (Matteo 16:18) prima che lui fosse capace di portare il carico di avere persone che dipendessero da lui. Inoltre leggiamo che 'Dio … fa rivivere i morti, e chiama le cose che non sono, come se fossero.' (Romani 4:17, RDV24). Se comprendiamo questo, esso eliminerà la nostra tendenza di agire come 'giudici' sul fatto se qualcuno merita una benedizione o non.

Meno una persona *merita* una benedizione, di più ne ha di bisogno. Persone che benedicono coloro che non meritano una benedizione, ricevono in ritorno la più grande benedizione.

Un esempio

Immagina che ci sia una persona di nome Fred che ha un problema con l'alcool. La moglie di Fred non è contenta con lui e così forse prega qualcosa sulle linee di: 'Dio, benedici Fred. Fallo smettere di bere e fai sì che mi dia ascolto.' Ma sarebbe molto più potente di dire qualcosa sulle linee di:

Fred, ti benedico nel nome di Gesù. Possa il piano di Dio essere realizzato nella tua vita. Possa tu diventare l'uomo, il marito e il padre che Dio desidera tu sia. Ti benedico con la liberazione della tua dipendenza. Ti benedico con la pace di Cristo.

La prima benedizione delega il problema a Dio. Non necessita nessun impegno da parte nostra – è *pigra*. Inoltre è giudicante e ipocrita e si concentra sul peccato di Fred.

La seconda benedizione necessita più riflessione e più amore. Non è giudicante e si concentra più sul potenziale di Fred che sul suo stato attuale. Di recente ho sentito dire qualcuno che Satana conosce il nostro nome e potenziale ma ci chiama col nostro peccato, mentre Dio conosce il nostro peccato ma ci chiama col nostro vero nome e potenziale. La seconda benedizione è più in linea con i piani di Dio e i suoi propositi. Esso riflette il cuore redentivo di Dio. Ricordati, Dio ama Fred.

DIVERSE SITUAZIONI CHE POTREMMO TROVARCI A DOVER AFFRONTARE

Sono uno studente della benedizione. Quando iniziai, non sapevo come benedire e non trovavo molto che mi potesse aiutare. Me ne resi conto presto che ci sono tante diverse situazioni, cosicché voglio offrirti i seguenti consigli. Li puoi adattare ai bisogni della tua particolare situazione e secondo ciò che lo Spirito Santo desidera che tu dica. Ci sarà bisogno di un po' d'esercizio ma ne vale la pena.

Benedire coloro che ti maledicono o insultano
Diversi anni fa, una dipendente che si era licenziata di recente, venne a casa mia per un caffè e per salutarmi. La sua fede era basata sugli insegnamenti 'New Age' – es. la dea dentro e simili. Durante la nostra conversazione disse che le ultime due aziende per le quali aveva lavorato e poi lasciato sono di seguito

andate in fallimento. A quel punto ero stato un Cristiano da poco tempo soltanto ma ciò nonostante riconobbi che le sue parole erano una maledizione pronta a attivarsi. Per alcuni secondi ebbi timore ma poi, nella mia mente, rifiutai di accettarlo. Ma non feci l'ulteriore passo di benedirla. Dopo averle chiesto il permesso di pregare ciò che avevo in cuore, avrei potuto dire qualcosa sulle linee di:

Deborah (non il suo nome reale), lego l'influenza della stregoneria nella tua vita. Ti benedico nel nome di Gesù. Dichiaro la bontà di Dio sopra te. Possa la volontà di Dio per la tua vita realizzarsi … Benedico i tuoi doni, possano essi benedire il tuo futuro datore di lavoro e portare gloria a Dio. Possa tu diventare la meravigliosa donna di Dio che Lui desidera che tu sia. Nel nome di Gesù, amen.

Benedire coloro che ti rigettano o feriscono
Una volta mi capitò di pregare per una donna che lottava con le sue emozioni e la sua situazione familiare dopo che suo marito l'aveva lasciata. Le chiesi

se potesse perdonargli. Bene, era difficile, ma – glielo devo mettere in conto – lo ha fatto. Poi le chiesi se potesse benedire suo marito. Era un po' scioccata ma disposta a provarci. Anche se suo marito non era presente la guidai in una preghiera sulle linee di:

> *Ti benedico, mio marito. Possano tutti i piani di Dio per la tua vita e il nostro matrimonio realizzarsi. Possa tu diventare l'uomo, il marito e il padre che Dio desidera tu sia. Possano la grazia di Dio e il Suo favore essere con te. Nel nome di Gesù, amen.*

Era imbarazzante in principio, ma poi toccò il cuore del Padre e l'unzione di Dio cadde su di lei. Entrambi piangemmo quando lo Spirito Santo toccò lei e, credo, anche suo marito. Le vie di Dio non sono le nostre vie.

Benedire in questo tipo di circostanze è così coraggioso – maestoso, persino – e nella somiglianza di Cristo.

Benedire chi non se lo merita è secondo il cuore di

Dio – la Sua specialità, per così dire. Considera il ladro crocifisso insieme a Gesù oppure la donna colta in adulterio. E quanto a te e me?

Benedire è *'fuori dal mondo'* e tutt'altro che intuitivo – non è qualcosa che delle persone in situazioni dolorose si sentono naturalmente incline a fare. Ma è il modo di agire di Dio e può guarire sia chi benedice che chi riceve benedizione. Esso toglie via questo pizzico di amarezza, vendetta, risentimento e rabbia che altrimenti potrebbe danneggiare il tuo corpo e accorciare la tua vita.

Ecco un'email che ho recentemente ricevuto da Denis:

Circa tre mesi fa stavo parlando con mio fratello al telefono. Non comunichiamo tanto visto che lui vive e lavora in un'altra città.

Mentre stavamo per terminare la nostra chiacchierata amichevole, gli chiesi se mi permetteva di benedire l'azienda che lui e sua moglie avevano. Non reagì positivamente. Era molto scortese e disse diverse cose che mi ferirono molto e mi chiesi se la nostra relazione fosse danneggiata permanentemente. Tuttavia, nei giorni e nelle settimane che seguirono, mentre ero indaffarato con la vita quotidiana, usai i principi della meravigliosa potenza della benedizione per dichiarare il favore di Dio sull'azienda di mio fratello. Alcune volte lo feci due o tre volte al giorno. Poi, tre mesi dopo, il giorno prima di natale, mio fratello mi chiamò, come se nulla fosse. Ero piuttosto meravigliato del suo atteggiamento molto cortese e non c'era assolutamente nessun risentimento tra di noi.

La potenza meravigliosa della benedizione delle circostanze fuori dal nostro controllo realmente funziona ... Gloria a Dio!

Benedire coloro che ti hanno provocato

Una delle cose che ci fanno più rabbia è quando delle persone agiscono in modo egoistico, sconsiderato o esplicitamente disonesto nel traffico. Capita di continuo. Parole non-Cristiane possono venirci in mente e fuori dalle nostre bocche in un attimo. Quando questo accade, stiamo maledicendo qualcuno che è stato creato da Dio e che Dio ama. Dio potrebbe ben proteggere quella persona.

Prossima volta che questo ti capita, cerca di benedire l'altro autista, anziché pronunciare parole rabbiose:

Benedico quel signore giovane che ha appena saltato la fila. Dichiaro il Tuo amore su di lui, Signore. Rilascio la Tua bontà sopra di lui e tutte le tue intenzioni per la sua vita. Benedico questo giovane e evoco il suo potenziale. Possa lui arrivare a casa sano e salvo e essere una benedizione per la sua famiglia. Nel nome di Gesù, amen.

O più informale:

Padre, benedico l'autista di quell'auto nel nome di Gesù. Possa il Tuo amore inseguirlo e sorpassarlo e arrestarlo!

Uno dei miei lettori fece un'osservazione interessante:

Quello che ho notato è che il benedire mi ha cambiato. Non posso benedire persone che mi hanno irritate, per esempio, e poi pronunciare – o persino pensare – pensieri sbagliati su di loro. Sarebbe sbagliato. Invece sono in cerca di buoni risultati che possano risultare da questa benedizione… – Jillian

Una volta ebbi un amico di nome John che mi chiese di pregare su una controversia in famiglia a riguardo di un'eredità. Questa controversia stava proseguendo e diventando sempre meno piacevole. Suggerii, che, anziché pregare, avremmo benedetto la situazione.

Benediciamo questa situazione di controversia a riguardo dell'eredità nel nome di Gesù. Veniamo contro ogni divisione, contesa e lotta e rilasciamo giustizia e correttezza e riconciliazione. Mentre benediciamo questa situazione mettiamo da parte i nostri propri pensieri e desideri e permettiamo a Dio di attivare i Suoi propositi per la suddivisione dell'eredità. Nel nome di Gesù, amen.

Entro pochi giorni la situazione è stata risolta amichevolmente.

Amo una cosa che un altro dei miei lettori ha espresso:

> *Sono stato colpito dai 'tempi di risposta' che ho visto nel benedire altri. È come se il Signore fosse pronto a lanciarsi con amore in favore delle persone appena noi rilasciamo le nostre preghiere di benedizione su di loro. – Pastore Darin Olson, Junction City, Oregon Nazarene Church*

BENEDIRE, ANZICHÉ MALEDIRE, NOI STESSI

Riconoscere e spezzare maledizioni
Quanto sono comuni pensieri del genere di: 'Sono brutto/a, sono stupido/a, sono goffo/a, sono ottuso/a, non piaccio a nessuno, Dio non potrebbe mai usarmi, sono un/a peccatore/peccatrice…'? Ci sono tante bugie che Satana vuole farci credere.

Ho un'amica che fa questo continuamente e ciò mi rattrista. 'Oh Rosa (non il suo nome vero), tu ragazza stupida. L'hai combinata di nuovo. Non c'è una cosa buona che riesci a fare…'

Non ripetere né accettare queste maledizioni! Invece, benedici te stesso.

Ricordo una particolare situazione in un incontro di preghiera. Ho riconosciuto uno spirito di indegnità sopra una donna che era venuta per chiedere preghiera. Mentre pregavamo disse, 'Sono stupida'. Le chiesi dove aveva sentito dire questo. Mi rispose che i suoi genitori lo dichiaravano su di lei. Quanto è triste … e quanto è comune.

L'ho guidata a pregare qualcosa secondo le linee di:

> *Nel nome di Gesù perdono i miei genitori. Perdono me stessa. Spezzo queste parole che i miei genitori e io stessa abbiamo dichiarato sopra di me. Io ho la mente di Cristo. Sono intelligente.*

Abbiamo sommariamente cacciato via ogni spirito di indegnità e reiezione e poi l'ho benedetta e dichiarato su di lei che fosse la principessa di Dio, che fosse preziosa per lui, che Dio la usasse per benedire altri, per portare guarigione emotiva e speranza a altri. L'ho benedetta con audacia.

Lentamente assorbì questa benedizione. Iniziò a splendere. La settimana dopo ci raccontò quanto bene le avesse fatto. Realmente possiamo cambiare il nostro mondo.

Ogn'uno può. La Bibbia è piena dei propositi di Dio per le persone e noi le possiamo proclamare sopra loro.

Vorrei condividere un altro esempio. Recentemente pregai per una signora che aveva mal di pancia. Mentre pregavo, lo Spirito Santo scese su di lei, lei si piegò in due per il dolore mentre i demoni la lasciavano. Era tutto buono per alcuni giorni e poi i dolori tornarono. 'Dio, perché?', lei chiese. Poi ebbe l'impressione che lo Spirito Santo le stesse ricordando qualcosa. Poco tempo prima, mentre era in un campeggio, qualcuno le disse di far sì che il pollo fosse ben cotto o altrimenti le persone si sarebbero sentite male. Lei rispose che non voleva stare male per i prossimi giorni (la durata della conferenza), ma che dopo non importava tanto. Dovette spezzare la potenza delle sue parole sconsiderate e poi immediatamente recuperò la sua guarigione.

Benedire la propria bocca

Benedico la mia bocca che possa pronunciare

ciò che è prezioso e non ciò che è inutile e di essere come la bocca del Signore. (Basato su Geremia 15:19)

Tanti dei miracoli di Gesù furono compiute parlando solamente. Per esempio, *'Va', tuo figlio vive'* (Giovanni 4:50). Voglio ciò. Per questo motivo benedico la mia bocca e faccio attenzione a quello che ne esce.

Una volta mia moglie e io stavamo in un hotel a Noumea. Potevamo sentire un bebè piangere quasi ininterrottamente per tutta la notte. Dopo un paio di notti di questo tipo mia moglie e io uscimmo sulla pedana adiacente e domandammo la mamma cos'era che non andasse. La signora rispose che non lo sapeva ma che il medico aveva già prescritto una terza dose di antibiotici al bebè ma non stava avendo effetto. Mia moglie le chiese se potessi pregare per il bebè e lei accettò, seppure con una dose di scetticismo. Così, con il mio francese piuttosto mediocre, pregai per il bebè e dichiarai su di esso per fede che avesse 'dormito come un bebè'. E così fu.

Benedire la propria mente

Spesso dico,

> *Benedico la mia mente; ho la mente di Cristo. Di conseguenza penso i Suoi pensieri. Possa la mia mente essere un luogo santo dove lo Spirito Santo abita con diletto. Possa essa ricevere parola di conoscenza e saggezza e rivelazione.*

Ogni tanto combatto con la purezza dei miei pensieri e mi accorgo che questo aiuta. Inoltre, benedico anche la mia immaginazione, che essa possa essere usata per il bene e non per il male. Stavo avendo alcune difficoltà con la mia immaginazione l'altro ieri – stava andando in tanti luoghi che non volevo andasse – e Dio ha messo questo pensiero nella mia mente, *'Nella tua immaginazione, vedi Gesù compiere i Suoi miracoli ... poi vedi te stesso compierli.'* Ho trovato molto più efficace riflettere su qualcosa di buono (Filippesi 4:8) anziché riflettere sul non pensare una determinata cosa! Benedire la tua mente e immaginazione aiuta grandemente a raggiungere la meta della santificazione.

Una volta, quando mi sentii giù a motivo di un fallimento nei miei pensieri, le parole di un vecchio inno tornarono a galla nel mio cuore:

Sii tu la mia visione, oh Signore del mio cuore
Tutt'altro sia nulla per me, salvo chi Tu sei
Tu il mio miglior pensiero, di giorno e di notte
Vegliando o dormendo, la Tua presenza,
la mia luce.

Benedire i nostri corpi
Sei familiare col verso: *'Un cuore allegro è un buon rimedio (lett. 'medicina' in traduzioni inglesi, ndt), ma uno spirito abbattuto fiacca le ossa'* (Proverbi 17:22). La Bibbia sta dicendo che i nostri corpi rispondono a pensieri e parole positive:

Benedico il mio corpo. Oggi spezzo ogni infermità. Benedico il benessere fisico.

Una volta vidi un video di una persona con un grave problema al cuore. Il suo bypass si era ostruito. Per circa tre mesi benedisse le sue arterie, dichiarando di essere state create in un modo stupendo e meraviglioso (*Salmo 139:14 ndt*). Tornando dal medico scoprirono che, miracolosamente, ebbe ricevuto un nuovo bypass!

Pensai di provare lo stesso con la mia pelle. Durante la mia gioventù avevo conseguito un danno causato dal sole. Adesso, nella mia anzianità, dei piccoli noduli spuntavano sulle mie spalle che avevano bisogno di essere ghiacciate ogni paio di mesi. Decisi di benedire la mia pelle. All'inizio semplicemente la benedicevo nel nome di Gesù. Ma dopo lessi qualcosa sulla natura della pelle che mi fece cambiare prospettiva. Realizzai che, anche se fossi coperto di essa, non sapevo molto sull'organo più grande del mio corpo. Avevo parlato *di* essa, ma mai *a* essa. E dubito che abbia mai detto qualcosa di bello a riguardo – invece me ne lamentavo. Ero ingrato.

Ma la pelle è fantastica. È un sistema di climatizzazione e di igiene. Protegge il corpo da germi invadenti e guarisce sé stessa. Copre e protegge tutte le nostre interiora e lo fa in modo meraviglioso.

Grazie a Dio per la pelle – con tutte le rughe e altro. Ti benedico, pelle.

Dopo diversi mesi di benedizione in questo modo, la mia pelle è adesso quasi guarita ma il momento chiave fu quando iniziai a apprezzarla e essere grato per essa. È fatta in modo meraviglioso e stupendo. In tutti gli effetti una reale lezione. Lamentarci respinge il regno di Dio; la gratitudine lo attira.

Di seguito una testimonianza dal mio amico, David Goodman:

Alcuni mesi fa sentii Richard predicare sul soggetto della benedizione – un soggetto piuttosto innocuo, ma uno che ha fatto centro a motivo dalla prospettiva dalla quale è partito. L'esito fu che la benedizione non è qualcosa che abbiamo bisogno di chiedere a Dio, ma che come Cristiani abbiamo l'autorità se non la responsabilità di portare in questo mondo caduto e, come ambasciatori di Cristo, avere un impatto sulle vite di altri individui per il Regno di Dio.

Questa idea va bene fin quando si considera altri, ma sbatteva contro un muro quando dovetti considerare di benedire me stesso. Non potevo liberarmi del sentimento che non ero degno, che ero egoistico, che stavo dando Dio per scontato. I miei pensieri cambiarono quando vidi che, come Cristiani, siamo una nuova creazione, nati di nuovo e creati per un proposito che Dio aveva pianificato per noi. Tenendo conto di questo, il corpo che abbiamo adesso è qualcosa che dovremmo apprezzare e curare – siamo adesso, dopo tutto, un tempio dove abita lo Spirito Santo.

Detto questo, feci un piccolo sperimento – ogni giorno mi sarei alzato, avrei benedetto una parte del mio corpo, espresso la mia gratitudine per la sua prestazione e lodato per un lavoro ben fatto. Avrei benedetto le mie dita per la loro destrezza, per le capacità che hanno per compiere tutti i compiti e altro. Avrei lodato e ringraziato le mie gambe per il loro lavoro instancabile di trasportazione e per la loro capacità di lavorare in unisono. Lodai il mio corpo per tutte le parti che collaboravano così bene insieme. Una cosa strana ne uscì fuori.

Visto che mi sentivo così tanto meglio fisicamente e mentalmente, spostai i miei pensieri verso un dolore che da mesi avevo nella parte inferiore del mio braccio – un doloro che sembrava essere nell'osso e che necessitava di essere sfregato regolarmente per ridurre almeno parzialmente questo costante pulsare. Mi concentrai su quest'area, lodando il mio corpo per le sue capacità guaritrici, per la sua tenacia di superare queste cose che deve affrontare, per il supporto che altre parti possono dare mentre l'uno riparasse l'altro. Era soltanto circa tre settimane dopo che, svegliandomi una mattina, realizzai che non sentivo più nessun dolore nel mio braccio; che il dolore era completamente svanito e che non è ritornato.

Realizzai che, mentre certamente c'è un tempo e un luogo per esercitare il dono della guarigione tramite la fede per il beneficio di altri, c'è anche un altro corso aperto a noi come individui di usare il dono di guarigione su noi stessi. È una lezione di umiltà che possiamo confidare in ciò che Dio ha dato ai nostri nuovi corpi, che possiamo andare avanti in confidenza in un nuovo e 'vivente' modo di vivere.

Benedire la tua casa, il tuo matrimonio e i tuoi figli

La tua casa – una benedizione tipica
È una buona idea di benedire la tua casa e di rinnovare questa benedizione almeno una volta l'anno. Benedire il luogo dove abiti semplicemente coinvolge la tua autorità spirituale in Cristo Gesù per dedicare e consacrare questo luogo al Signore. È un invito allo Spirito Santo di venire e forzare ogni altra cosa che non è da Dio a andarsene.

Una casa non è soltanto mattoni e cemento – ha anche una personalità. Così come tu adesso hai un accesso legale alla tua casa, prima di te qualcun altro ha avuto questo accesso legale a esso oppure la tua proprietà. Possono essere successe delle cose in questo luogo che hanno portato o benedizione o maledizione. A prescindere da ciò che è accaduto, è la *tua* autorità che determina quale sia l'atmosfera spirituale da adesso in poi. Se c'è ancora un'attività demoniaca che sta andando avanti dal proprietario precedente, probabilmente te ne accorgerai – e sta a te di espellere queste forze.

Ovviamente, dovrai considerare a quali forze demoniache tu stesso, inconsapevolmente, stia dando accesso alla tua casa. Hai dei dipinti irriverenti, artefatti, libri, musica o DVD? A quali programmi TV dai accesso? C'è peccato nella tua casa?

Questa è una semplice benedizione che potresti proclamare mentre vai di camera in camera a casa tua:

Benedico questo edificio, la nostra casa. Dichiaro che essa appartiene a Dio, la consacro a Dio e sottometto alla autorità di Gesù Cristo. È una casa di benedizione.

Spezzo ogni maledizione in questa casa col sangue di Gesù. Prendo autorità sopra ogni demone nel nome di Gesù e gli comando di andarsene

> *adesso e di non tornare mai. Scaccio ogni spirito di contesa, divisione e discordia. Scaccio lo spirito di povertà.*
>
> *Vieni Spirito Santo e scaccia qualsiasi cosa che non sia da Te. Riempi questa casa con la Tua presenza. Venga il Tuo frutto: amore, gioia, pace, gentilezza, pazienza, bontà, mitezza, fedeltà e autocontrollo. Benedico questa casa con amore abbondante e pace sovrabbondante. Possano tutti coloro che vengono qui sentire la Tua presenza e essere benedetti. Nel nome di Gesù, amen.*

Ho camminato per il perimetro della mia proprietà, benedicendola e applicando spiritualmente il sangue di Gesù Cristo per la protezione della proprietà, e le persone al suo interno, da ogni male e disastri naturali.

Il tuo matrimonio

> *Abbiamo il tipo di matrimonio che benediciamo o il tipo di matrimonio che malediciamo.*

Quando lessi questa affermazione per la prima volta in *The Power of Blessing* (La potenza della benedizione, ndt) di Kerry Kirkwood, rimasi un po' scioccato. È vero?

Ci ho riflettuto molto e credo che queste parole siano ampiamente vere – ogni scontentezza nel nostro matrimonio o con i nostri figli è perché non li stiamo benedicendo! Benedicendo riceviamo la bontà che Dio ha in serbo per noi in piena misura – incluso vita lunga e relazioni sane. Siamo partecipi o partner con ciò e chi benediciamo.

Occhio alle maledizioni. Mariti e mogli si conoscono molto bene a vicenda. Conosciamo tutti i punti deboli. Hai mai detto qualcosa del genere? Hai mai sentito dire qualcosa del genere su di te? 'Non ascolti mai', 'La tua memoria è terribile', 'Non sai cucinare', 'Sei incapace di…' Se detto spesso abbastanza, questo tipo di parole diventano maledizioni e diventano reali.

Non maledire, benedici. Ricordati, se maledici (proclami parole di morte) non riceverai la benedizione che Dio ha in mente per te. Peggio ancora, maledire altri ha un effetto maggiore su di noi che sulla persona che malediciamo. Potrebbe questo essere un motivo perché delle preghiere non vengono esaudite?

Imparare a benedire può essere come imparare una nuova lingua – imbarazzante al principio. Per esempio,

> *Nicole, ti benedico nel nome del Padre, del Figlio e dello Spirito Santo. Rilascio tutta la bontà di Dio su di te. Possano i propositi di Dio per la tua vita essere realizzati.*

> *Benedico il tuo dono di incontrare e amare persone, il tuo dono di ospitalità. Benedico il tuo dono di far sentire persone a loro agio. Dichiaro che sei un oste che riceve le persone come Dio stesso lo farebbe. Ti benedico con energia che tu possa continuare a fare questo ancora in futuro. Ti benedico con salute e lunga vita. Ti benedico con l'olio della gioia.*

I tuoi figli

Ci sono tanti modi per benedire un bambino. Ecco come benedico mia nipote di quattro anni:

Ashley, benedico la tua vita. Possa tu diventare una meravigliosa donna di Dio. Benedico la tua mente, che essa possa rimanere sana e che tu possa avere saggezza e discernimento in per ogni decisione. Benedico il tuo corpo, che esso possa rimanere puro fino al matrimonio e forte e sano. Benedico le tue mani e i tuoi piedi, che essi possano compiere le opere che Dio ha in piano per te. Benedico la tua bocca. Possa essa proclamare parole di incoraggiamento e verità. Benedico il tuo cuore, che esso possa essere fedele al Signore. Benedico il tuo futuro marito e la vita dei vostri futuri figli con unità e abbondanza. Amo ogni cosa di te, Ashley, e sono fiero di essere tuo papà (nonno, ndt).

Ovviamente, se un bambino ha delle difficoltà in certe aree, lo possiamo benedire appositamente. Se hanno delle difficoltà studiando a scuola, possiamo benedire la loro mente a ricordare le lezioni e di comprendere i concetti alla base dell'insegnamento; se sono vittime di bullismo, li possiamo benedire di crescere in sapienza e statura e favore con Dio e gli altri bambini; e così via.

Ricordo di parlare con una meravigliosa donna di Dio a proposito di suo nipote. Qualsiasi cosa diceva a suo proposito si concentrava sui suoi difetti, il suo atteggiamento ribelle e i problemi di condotta che aveva a scuola. Era stato mandato in un campeggio per essere messo in riga e poi mandato di nuovo a casa perché era così dirompente.

Dopo aver ascoltato per un po' di tempo accennai a questa donna che, inavvertitamente, stava maledicendo suo nipote tramite il modo come stava parlando di lui e che lo stava imprigionando con le sue parole. Così smise di parlare negativamente e invece, intenzionalmente, lo benedisse. Suo marito, il nonno del ragazzo, fece lo stesso. Entro pochi giorni il ragazzo cambiò completamente, tornando al campeggio e facendo progressi. Quando si parla di risposte veloci alla meravigliosa potenza della preghiera!

Una delle cose più meravigliose che un padre può dare ai suoi figli è la benedizione paterna. Sono venuto a conoscenza di ciò tramite il meraviglioso libro *The Father's Blessing* (La benedizione paterna, ndt) di Frank Hammond. Senza la benedizione del padre è sempre come se qualcosa mancasse – si crea un vuoto che nient'altro può riempire. Padri, imponete le mani ai vostri figli e altri membri di famiglia, (es. mettendo la vostra mano sulla loro testa o spalla) e beneditelí frequentemente. Scoprite le cose buone che Dio farà per entrambi, voi e loro.

Ogni volta che condivido questo messaggio, chiedo agli uomini adulti e le donne adulte, 'Quanti di voi qui presenti hanno avuto il proprio padre imporvi le mani e benedirvi?' Pochissime persone alzano le loro mani. Poi inverto la domanda: 'Quanti di voi qui presenti avete mai avuto vostro padre imporvi le mani e benedirvi?' Quasi ogn'uno alza la mano.

Poi chiedo se mi permettono di essere un padre spirituale per loro in quel momento – un sostituto – così che io possa, nella potenza dello Spirito Santo, benedirli con la benedizione che non hanno mai avuto.

La reazione è enorme: lacrime, liberazione, gioia, guarigione. Semplicemente meraviglioso!

Se brami una benedizione paterna, come feci io, allora dichiara a alta voce il seguente su te stesso. È una benedizione che ho adattata dal libro di Frank Hammond.

La benedizione paterna

Mio figlio/a, ti amo! Sei speciale. Sei un dono di Dio. Ringrazio Dio per permettermi di essere tuo padre. Sono fiero di te e gioisco a tuo motivo. E adesso ti benedico.

Ti benedico con la guarigione di tutte le ferite del tuo cuore – parole di rifiuto, trascuratezza e abuso che hai sofferto. Nel nome di Gesù spezzo la potenza di ogni parola crudele e ingiusta proclamata su di te.

Ti benedico con una pace sovrabbondante, la pace che soltanto il Principe di Pace può dare.

Benedico la tua vita, che esso possa portare frutto: frutto buono, frutto abbondante e frutto che rimane.

Ti benedico con successo: tu sei la testa e non la coda (Deut 28:13, ndt); sei al di sopra e non al di sotto.

Benedico i doni che Dio ti ha dato. Ti benedico con la saggezza di prendere buone decisioni e di sviluppare il tuo pieno potenziale in Cristo.

Ti benedico con prosperità sovrabbondante, permettendoti di essere una benedizione per altri.

Ti benedico con influenza spirituale, perché sei la luce del mondo e il sale della terra.

Ti benedico con una comprensione spirituale profonda e un cammino stretto col tuo Signore. Non inciamperai e non vacillerai, perché la Parola di Dio sarà una lampada al tuo piede e una luce sul tuo cammino.

Ti benedico a vedere altri uomini e donne così come li vede Gesù.

Ti benedico a vedere, trarre fuori e celebrare l'oro in persone, non lo sporco.

Ti benedico per rilasciare Dio al tuo posto di lavoro – non semplicemente di testimoniare o mostrare un buon carattere ma anche di glorificare Dio con l'eccellenza e la creatività del tuo lavoro.

Ti benedico con buoni amici. Hai favore con Dio e con l'uomo.

Ti benedico con amore abbondante e sovrabbondante, dal quale provvederai grazia a altri. Provvederai la grazia confortante di Dio a altri. Tu sei benedetto/a, mio/a figlio/a. Sei benedetto/a con ogni benedizione spirituale in Cristo Gesù. Amen!

Testimonianze del valore della benedizione paterna

Sono stato trasformato dalla benedizione paterna. Da quando ero nato non avevo mai sentito predicare un messaggio del genere. Non ho mai avuto un padre biologico che parlasse nella mia vita fino a adesso. Dio ha usato te, Richard, per portarmi al punto dove avevo bisogno di pregare e avere un padre spirituale proclamare una benedizione paterna sulla mia vita. Quando hai rilasciato la benedizione padre-figlio, il mio cuore è stato confortato e adesso sono contento e benedetto. – Pastore Wycliffe Alumasa, Kenia

È stato un viaggio lungo e difficile navigare attraverso la mia depressione; una battaglia combattuta su vari fronti – mente, spirito, corpo. La guarigione del mio passato si è rivelata importantissima e nulla è stato un passo più significante in avanti che perdonare mio padre – non soltanto per le cose dolorose che aveva fatto in passato ma ancora più per le cose che non aveva fatto – le sue omissioni. Mio padre non mi aveva mai detto che mi amasse. Aveva un blocco emotivo. Non era in grado di trovare parole amorevoli, premurose o emozionali da pronunciare – nonostante la sete nella mia anima di sentirle dire.

Mentre la mia depressione migliorava durante questo viaggio attraverso perdono e guarigione interna, tuttavia portavo con me dei sintomi fisici – il più grande essendo la sindrome da colon irritabile. Mi erano state prescritte delle medicine e una dieta da parte del mio medico, che ebbero appena un minimo effetto, e che avrebbero dovuto gestire i sintomi anziché provvedere rimedio.

Un mio amico, Richard, mi aveva raccontato storie a riguardo della benedizione paterna e i suoi risultati sulla gente. Qualcosa nel mio spirito aggrappò questa idea. Mi resi conto che, mentre avevo perdonato mio padre per il vuoto che aveva lasciato, effettivamente non avevo riempito questo vuoto o soddisfatto la sete nella mia anima.

E così accadde. Un mattino, in un caffè, durante colazione, Richard fece il dovere di mio padre e mi benedisse come un figlio. Lo Spirito Santo cadde su di me e rimase con me tutto quel giorno. È stata un'esperienza bellissima e quella parte della mia anima assetata trovò pace.

Un risultato comunque inaspettato era il fatto che i sintomi della mia sindrome da colon irritabile erano svanite completamente. Buttai fuori medicine e dieta che il mio medico mi aveva prescritto. Quando la mia anima ricevette ciò di che era assetata, anche il mio corpo fu guarito.
– Ryan

Benedire altri – L'aspetto profetico
Anche se ti ho dato degli esempi per aiutarti ad iniziare, è buono chiedere allo Spirito Santo di aiutarti a essere come la bocca di Dio, dichiarando e rilasciando il proposito specifico di Dio o una 'parola a suo tempo' (la parola giusta al momento giusto). Se la situazione lo permette, suscita il tuo spirito pregando in lingue o con l'adorazione.

Puoi iniziare usando uno dei modelli succitati ma abbi fiducia che lo Spirito Santo ti guiderà. Ascolta il battito del suo cuore. Magari inizierai a scatti ma presto conoscerai il cuore del Signore.

Benedire il posto di lavoro

Torna alla prima parte di questo libro e adatta l'esempio che ho dato, dalla mia esperienza alla tua circostanza. Sii aperto a ciò che Dio ti fa vedere – può essere che correggerà la tua prospettiva. Benedire non è usare una formula magica. Per esempio, Dio non farà comprare a delle persone ciò che non gli serve o che non vogliono. E nemmeno Dio benedirà disonestà e pigrizia. Ma se soddisfi le sue condizioni, allora dovresti benedire la tua azienda – che Dio ti possa aiutare a portarlo da dove è adesso a dove Lui vuole che sia. Ascolta il Suo consiglio oppure il consiglio delle persone che Lui ti manda. Sii aperto. Ma aspettati anche il Suo favore perché Lui ti ama e vuole che tu prosperi.

Ho ricevuto questa testimonianza da Ben Fox:

La mia professione particolare nel settore dell'edilizia ha subito diversi cambiamenti negli ultimi anni e c'è stato un calo significativo per la mia azienda. Sono andato da diverse persone chiedendo preghiera per il mio lavoro visto che il mio carico di lavoro stava diminuendo fino al punto che ero preoccupato e ansioso.

Nello stesso periodo circa, all'inizio del 2015, sentii il Signor Brunton predicare una serie di messaggi sul benedire il proprio lavoro, la propria azienda, la famiglia e altre aree. Fino allora, le mie preghiere si concentravano sul chiedere Dio di aiutarmi in queste aree. L'idea che noi stessi potessimo pronunciare una benedizione non mi era stata insegnata, ma adesso posso vedere che si trova scritta in tutta la Bibbia e so che Dio ci chiama e ci ha dato autorità di fare ciò nel nome di Gesù. Di conseguenza iniziai a benedire il mio lavoro – di proclamare la Parola di Dio su di esso e di ringraziare Dio per esso. Ho persistito nel benedire il mio lavoro ogni mattina e anche nel ringraziare Dio per nuovi affari, chiedendogli di mandarmi clienti che potessi aiutare.

Durante i prossimi dodici mesi la mia carica di lavoro aumentò in maniera significativa e, da allora, a volte ho dovuto combattere per gestire la quantità di lavoro che dovevo affrontare. Ho imparato che c'è un modo per includere Dio nella nostra vocazione giornaliera e benedire il nostro lavoro è parte di ciò che Dio ci chiama a fare. Perciò do tutto l'onore a Dio. Iniziai inoltre a invitare lo Spirito Santo nella mia giornata di lavoro, pregando per saggezza e idee creative. In particolar moro ho notato che, se chiedo allo Spirito Santo di aiutarmi con l'efficienza del mio lavoro, di solito finisco molto prima di quando aspettato.

Mi sembra che l'insegnamento sulla benedizione e sul come benedire è stato dimenticato da molte chiese, visto che altri Cristiani con i quali parlo non ne sono al corrente. Benedire il mio lavoro è diventato un'abitudine giornaliera come anche il benedire altri. Inoltre sono ansioso di vedere il suo frutto nelle persone e le cose che benedico quando è in accordo con la Parola di Dio e nel nome di Gesù.

Benedire una comunità

Qui sto parlando di una chiesa – o un'organizzazione simile – che stia benedicendo il vicinato nel quale è attiva.

Gente di .... (comunità), vi benediciamo nel nome di Gesù che possiate conoscere Dio, conoscere i Suoi propositi per la vostra vita e di conoscere le Sue benedizioni su ogn'uno di voi, le vostre famiglie e tutte le situazioni della vostra vita.

Benediciamo ogni casa a .... (luogo). Benediciamo ogni matrimonio e benediciamo ogni relazione tra membri di famiglia di diverse generazioni.

Benediciamo la vostra salute e benessere.

Benediciamo il lavoro delle vostre mani. Benediciamo ogni sana azienda con la quale siete coinvolta. Possano essi prosperare.

Benediciamo gli studenti della vostra scuola; li

> *benediciamo che possano imparare e comprendere ciò che gli viene insegnato. Possano essi crescere in saggezza e statura e in favore con Dio e con l'uomo. Benediciamo gl'insegnanti e preghiamo che questa scuola possa essere un luogo sano e sicuro, dove la fede in Dio e in Gesù può essere insegnata tranquillamente.*
>
> *Parliamo ai cuori di tutte le persone in questa comunità/questo vicinato. Li benediciamo a essere aperti al corteggiamento dello Spirito Santo e di aprirsi sempre più alla voce di Dio. Li benediciamo con la diffusione del Regno dei Cieli che sperimentiamo qui a .... (chiesa).*

Ovviamente questo tipo di benedizione deve essere adattato per il tipo particolare di comunità/vicinato. Se è una zona agricola, potresti benedire il suolo e gli animali; se è una zona dove la disoccupazione è molto diffusa, allora benedici imprese locali a creare posti di lavoro. Punta alla benedizione che hanno di bisogno. Non ti preoccupare se sé lo meritano oppure no! Le persone lo sentiranno nel loro cuore da dove è venuta la benedizione.

Benedire la terra, il suolo

In Genesi vediamo che Dio benedice l'intera umanità, dando loro dominio sulla terra e ogni cosa vivente, e comandando che portino frutto e si moltiplichino. Questo era un aspetto della gloria originale dell'umanità.

Quando fui in Kenya recentemente, incontrai un missionario che si prendeva cura di bambini che vivevano per strada e li istruiva sull'agricoltura. Mi raccontò la storia di una comunità mussulmana che sostenevano che la loro terra fosse stata maledetta, perché nulla cresceva su di essa. Il mio amico missionario e la sua comunità Cristiana benedissero il suolo e esso diventò fertile. Questo fu una dimostrazione drammatica della potenza di Dio rilasciata tramite la benedizione.

Mentre ero in Kenya camminai anche intorno all'orfanotrofio che la nostra chiesa sosteneva, benedicendo il loro frutteto, il giardino, il pollame e le mucche. (Ho benedetto i miei propri alberi di frutta con gran risultato.)

Geoff Wiklund racconta la storia di una chiesa nelle Filippine che benedisse un pezzo di terreno di proprietà della chiesa nel mezzo di un periodo di grande siccità. La loro terra fu l'unica a ricevere pioggia. Agricoltori vennero dal vicinato per prendere acqua per il loro riso dalle fosse che circondavano il perimetro del terreno della chiesa. Questo è un altro miracolo notevole nel quale il favore di Dio era stato rilasciato tramite la benedizione.

Benedire il Signore

Anche se ho lasciato questo per ultimo, dovrebbe in realtà essere al primo posto. Il motivo perché l'ho messo in ultimo è perché non sembra corrispondere al modello del 'dichiarare i propositi o il favore di Dio sopra qualcuno o qualcosa'. Piuttosto, l'idea è quella di 'rallegrare'.

Come benediciamo Dio? Un modo per farlo è dimostrato nel Salmo 103:

> *Benedici, anima mia, il Signore e non dimenticare nessuno dei suoi benefici.*

Quali sono i benefici del Signore verso le nostre anime? Lui perdona, guarisce, riscatta, corona, soddisfa, rinnova…

Ne ho fatto un'abitudine di ricordarmi e ringraziare Dio ogni giorno per quello che Lui fa in e attraverso me. Ricordo e apprezzo tutto ciò che Lui è per me. Questo benedice Lui e anche me! Come ti senti quando un bambino ti ringrazia o apprezza per qualcosa che tu hai fatto o detto? Ti riscalda il cuore e ti fa desiderare di fare ancora di più per loro.

Parole finali di un lettore

> *È difficile spiegare come il benedire ha trasformato la mia vita. Nella mia breve esperienza fino adesso, nessuno ha rifiutato una benedizione quando l'ho offerta – ho persino avuto l'opportunità di benedire un uomo mussulmano. Offrire di pregare una preghiera di benedizione sulla vita di una persona apre una porta … è un modo così semplice e non minaccioso di portare il Regno di Dio in una situazione, nella vita di una*

persona. Per me, poter pregare una benedizione ha aggiunto uno strumento molto speciale al mio set di strumenti spirituali ... è come se una parte della mia vita avesse mancato in passato e che adesso ha trovato il suo posto... – Sandi

APPLICAZIONE

- Pensa a qualcuno che ti ha ferito – perdonagli se necessario, ma poi vai oltre e benedicilo.

- Considera cose che dici frequentemente, con le quali maledici te stesso o altri. Cosa farai a proposito?

- Formula una benedizione per te stesso, il tuo coniuge e i tuoi figli.

- Incontrati con un'altra persona e sii disposto a profetizzare su di lei. Chiedi a Dio la rivelazione di qualcosa di specifico e incoraggiante per quella persona. Inizia parlando in modo generale, es. 'Ti benedico nel nome di Gesù. Possano i piani e propositi di Dio per la tua vita realizzarsi…' e aspetta, sii paziente. Ricordati che hai la mente di Cristo. Poi cambiate ruolo e permetti all'altra persona di benedirti profeticamente.

- Nella tua chiesa, formulate una benedizione comune per evangelizzare e guarire la vostra regione o benedire la missione che già avete.

COME DIVENTARE
UN CRISTIANO

Questo piccolo libro è stato scritto per Cristiani. Con 'Cristiani' non intendo semplicemente persone che vivono una buona vita. Intendo persone 'nate di nuovo' dallo Spirito di Dio e che amano e seguono Gesù Cristo.

L'essere umano ha tre parti: spirito, anima e corpo. La parte spirituale era stata disegnata per conoscere e avere comunione con un Dio santo, che è Spirito. L'uomo era stato creato per avere una relazione intima con Dio, spirito con Spirito. Invece, il peccato umano ci separa da Dio, risultando nella morte dello spirito e la perdita della comunione con Dio.

Di conseguenza, l'uomo tende a operare soltanto dall'anima e il corpo. L'anima include l'intelletto, la volontà e le emozioni. Il risultato di ciò è più che ovvio nel mondo: egoismo, orgoglio, avidità, fame, guerre e la mancanza di vera pace e significato.

Ma Dio aveva un piano per redimere l'umanità. Dio Padre mandò Suo Figlio, Gesù, che è anche Dio, sulla terra come uomo per mostrarci come fosse Dio – *'Chi ha visto me, ha visto il Padre'* – e per caricare su di sé stesso le conseguenze del nostro peccato. La sua orrenda morte sulla croce era stata pianificata dal principio e annunciata in dettaglio nell'Antico Testamento. Lui pagò il prezzo per il peccato dell'umanità. La giustizia divina è stata soddisfatta.

Ma poi Dio ha risuscitato Gesù dai morti. Gesù promette che coloro che credono in Lui anche loro risorgeranno dai morti per spendere l'eternità con Lui. Lui ci da adesso il Suo Spirito come garanzia, cosicché possiamo conoscerlo e camminare con Lui per il resto della nostra vita terrena.

Questo è in essenza il vangelo di Gesù Cristo. Se riconosci e confessi i tuoi peccati, se credi che Gesù ha preso su di sé sulla croce la tua punizione e che è risuscitato dai morti, allora la Sua giustizia ti sarà attribuito. Dio manderà il Suo Santo Spirito per rigenerare il tuo spirito umano – è questo che significa nascere di nuovo – e sarai in grado di iniziare a conoscere e avere comunione con Dio personalmente – cosa per la quale sei stato creato in primo luogo! Quando il tuo corpo fisico muore, Cristo ti risusciterà e ti darà un corpo glorioso e incorruttibile. Wow!

Mentre continui su questa terra, lo Spirito Santo (che è anche Dio) opererà *in* te (per purificarti e renderti più simile a Gesù nel tuo carattere) e *tramite* te (per essere una benedizione per altri).

Quelli che decidono di non ricevere ciò che Gesù ha pagato andranno in giudizio con tutte le sue conseguenze. Non è un qualcosa che vorrai.

Ecco una preghiera che puoi pregare. Se lo fai con sincerità, nascerai di nuovo.

> *Caro Dio in cielo, vengo a te nel nome di Gesù. Riconosco che sono un peccatore. (Confessa tutti i peccati che ricordi.) Sono sinceramente dispiaciuto per i miei peccati e la vita che ho vissuto senza di te e ho bisogno del tuo perdono.*
>
> *Credo che il Tuo unico figlio, Gesù Cristo, ha*

sparso il Suo sangue prezioso sulla croce e che è morto per i miei peccati e adesso sono pronto a lasciare il peccato.

Hai detto nella Bibbia (Romani 10:9) che, se confessiamo che Gesù è il Signore e crediamo nei nostri cuori che Dio ha risuscitato Gesù dai morti, saremo salvati.

Proprio adesso confesso Gesù Signore della mia anima. Credo che Dio ha risuscitato Gesù dai morti. Proprio in questo momento accetto Gesù Cristo come mio personale salvatore e, secondo la Sua Parola, in questo momento sono salvato. Grazie Signore, per amarmi così tanto che eri disposto a morire al mio posto. Sei meraviglioso Gesù, e ti amo.

Adesso ti chiedo di aiutarmi tramite il Tuo Spirito di essere la persona che Tu volevi che io fossi già prima dei tempi. Guidami verso altre persone che credono in te e verso la chiesa che Tu hai scelto cosicché io possa crescere in Te. Nel nome di Gesù, amen.

Grazie per aver letto questo piccolo libro.
Mi piacerebbe ricevere una tua testimonianza
di come il benedire ha trasformato la tua vita
o le vite di coloro che hai benedetto.
Ti prego di contattarmi via:

richard.brunton134@gmail.com

www.ingramcontent.com/pod-product-compliance
Lightning Source LLC
Chambersburg PA
CBHW051408290426
44108CB00015B/2201